MAPOWANIE STRUMIENIA WARTOŚCI

Ograniczenie odpadów i maksymalizacja wydajności

50MINUTES.com

MAPOWANIE STRUMIENIA WARTOŚCI

Ograniczenie odpadów i maksymalizacja wydajności

napisany przez Johann Dumser
przetłumaczony przez Kâmil Kowalski

50MINUTES.com

MAPOWANIE STRUMIENIA WARTOŚCI   **4**

Definicja mapowania strumienia wartości   7

TEORIA   **9**

VSM i tworzenie wartości   9
VSM i jego zalety   12

PRAKTYCZNE ZASTOSOWANIE   **13**

Najlepsze praktyki – etapy   13
Zalecenia   19
Studium przypadku   19

WPŁYW   **22**

Ograniczenia i krytyka   22
Powiązane modele i rozszerzenia   23

PODSUMOWANIE   **26**

DALSZE CZYTANIE   **28**

Bibliografia   28
Dodatkowe źródła   29
Wideo   29

MAPOWANIE STRUMIENIA WARTOŚCI

- **Nazwy:** mapowanie strumienia wartości (VSM), mapowanie przepływu materiałów i informacji.

- **Zastosowanie:** ten papierowy diagram obejmuje wszystkie procesy produkcyjne i zarządzające, pozwala użytkownikom zrobić krok wstecz od obecnego przepływu pracy i zreorganizować go w celu poprawy skuteczności. Jest on wykorzystywany w analizie doskonalenia procesów, inżynierii procesowej i ciągłym usprawnieniom.

- **Dlaczego jest to skuteczny?** W niektórych sektorach przemysłu i usług konsultingowych to bardzo dokładne narzędzie do mapowania pozwala użytkownikom zwizualizować i zrozumieć działania podejmowane (przez firmę lub osobę fizyczną) między momentem złożenia zamówienia przez klienta a momentem otrzymania przez niego produktu lub usługi.

- **Słowa kluczowe:**

  - <u>Ciągłe doskonalenie</u>: zwiększanie wydajności firmy poprzez regularne wprowadzanie małych usprawnień.

  - <u>Kaizen</u>: podejście do zarządzania jakością poprzez ciągłe doskonalenie.

- Czas realizacji: czas potrzebny na wyprodukowanie lub przeprowadzenie czegoś.

- Lean management: rodzaj zarządzania, który obejmuje wszystkich pracowników i ma na celu wyeliminowanie marnotrawstwa, źródeł nieefektywności, inhibitorów wydajności i zbędnych etapów w procesie produkcyjnym.

- Lean thinking: metodologia biznesowa, której celem jest zapewnienie nowego sposobu myślenia. Ten typ zarządzania popycha użytkowników do analizy organizacji ludzkich działań w celu zwiększenia generowanego zysku i wzmocnienia pozycji jednostek poprzez eliminację marnotrawstwa.

- Mapowanie: przedstawienie funkcjonowania organizacji w formie schematu.

- Łańcuch wartości produkcji: etapy procesu produkcji wyrobu lub usługi, w porządku chronologicznym.

- Strategie pull i push: oznacza to sugerowanie klientowi produktu (push) lub dawanie klientowi tego, o co prosi (pull).

Niezależnie od tego, czy firma przeżywa okres kryzysu czy wzrostu, zawsze musi mieć dokładne wyobrażenie o przepływie produktów i związanych z nimi kanałach komunikacji. Refleksja ta powinna obejmować cały proces produkcji każdego produktu, aby umożliwić optymalizację wydajności.

Z tego względu, że wszystkie firmy, od startupów, przez MŚP po międzynarodowe koncerny, dążą do maksymalizacji zysków, coraz więcej menedżerów stosuje podejście lean, które polega na systematycznym eliminowaniu marnotrawstwa w procesach produkcyjnych.

Wszyscy możemy zastanowić się nad sposobem prowadzenia działań na naszym poziomie w firmie. Choć umiejętność regularnego zadawania sobie pytań jest ważna, a nawet niezbędna, musimy mieć świadomość, że często najwięcej problemów sprawia nie to, czego nie wiemy, ale raczej to, co błędnie uznajemy za prawdę.

Podążając tym tropem, w niektórych dużych międzynarodowych korporacjach wdrożono działy znane jako Biura Zarządzania Projektami. Mają one na celu standaryzację języka używanego w różnych działach i koordynację projektów, aby zachęcić do ciągłego doskonalenia. Z tych połączonych, konstruktywnych synergii wyłania się jedna metodologia: każdy pracownik jest proszony o posługiwanie się jasnym językiem, który jest wspólny dla wszystkich we wszystkich podejmowanych inicjatywach, w celu znacznego zwiększenia wartości dla klienta końcowego.

W celu zachowania konkurencyjności (co oznacza uzyskanie wyższej jakości, niższych kosztów produkcji lub szybszego cyklu produkcyjnego), organizacja wybierze spośród kilku dostępnych technik. Jedną z nich jest mapowanie strumienia wartości, które jest jednym z najbardziej skutecznych narzędzi lean manufacturing, poniewaz wykorzystuje prosty diagram do świadomego podkreślenia obszarów do poprawy i możliwości.

DEFINICJA MAPOWANIA STRUMIENIA WARTOŚCI

Mapowanie strumienia wartości polega na przedstawieniu operacji, przepływów informacji i procesów danych w postaci diagramu.

Zapewnia realistyczny przegląd operacji w terenie, a nie tak jak to jest określone w procedurach firmy. VSM jest zawsze przeprowadzany jako część analizy procesów w firmie. Analiza procesu może być narzucona przez kierownictwo wyższego szczebla, kierownika operacyjnego lub kierownika ds. jakości w celu poprawy skuteczności, lub może być oferowana przez dostawców usług (takich jak konsultant ds. doskonalenia) w celu ujawnienia wcześniej niezidentyfikowanych możliwości.

W idealnym świecie wszystkim modyfikacjom procesów towarzyszyłoby sprawdzenie, a w razie potrzeby nawet rewizja, aby dowiedzieć się czy konieczna jest zmiana przepływu pracy.

 ODPADY WEDŁUG TAIICHI OHNO

Japoński inżynier i biznesmen Taiichi Ohno (1912-1990), uważany za twórcę Toyota Production System, w swojej książce Toyota Production *System: Beyond*

Large-Scale Production (1988). Od tego czasu zostały one rozszerzone do ośmiu źródeł marnotrawstwa:

nadprodukcję, czyli produkcję prowadzoną wcześniej, szybciej lub w większych ilościach niż klient tego wymagał;

Zapasy, które obejmują rezerwy materiałów podstawowych, produktów w toku i wyrobów gotowych;

oczekiwanie, które odnosi się do czasu oczekiwania na ludzi lub części w trakcie cyklu produkcyjnego;

ruch, czyli bezużyteczne przemieszczenia ludzi lub materiału w trakcie procesu produkcyjnego (ruch operatorów);

transport, czyli bezużyteczny przewóz ludzi lub materiałów pomiędzy procesami produkcyjnymi (przemieszczanie przedmiotów);

wytwarzanie wadliwych produktów, co obejmuje wadliwe elementy, wady, powtórzenia i poprawki w procesie;

dodatkowe przetwarzanie, czyli przetwarzanie ponad poziom wymagany przez klienta;

niewykorzystany talent, który odpowiada umiejętnościom, jakie są wykorzystywane w niewłaściwy sposób lub zostają całkowicie zaniechane, zasadniczo z powodu braku szkoleń lub elastyczności wśród pracowników.

TEORIA

VSM I TWORZENIE WARTOŚCI

Aby zrozumieć koncepcję VSM, możemy zacząć od nakreślenia jej trzech elementów: wartości, strumienia i mapowania.

Wartość

Łańcuch wartości został wprowadzony w 1985 roku przez amerykańskiego profesora strategii biznesu Michaela Portera (ur. w 1947 roku) i ma na celu stworzenie przewagi konkurencyjnej. Opiera się on na analizie wewnętrznych procesów i procedur firmy. W ten sposób każde działanie w łańcuchu powinno skutkować postrzeganiem, że dla klienta końcowego została stworzona wartość (satysfakcja), co może być widoczne w zwiększonych obrotach firmy. Jeżeli termin «wartość» odnosi się do oszacowania kwoty, jaką klienci są gotowi zapłacić za uzyskanie produktu lub skorzystanie z usługi, to działania reprezentowane w mapowaniu strumienia wartości można określić jako «dodające wartość» lub «nie dodające wartości».

- Etapy **dodawania wartości** obejmują wszystkie podjęte aktywności w celu zwiększenia wartość (rynkowej lub funkcjonalnej) produktu w postrzeganiu go przez klienta; innymi słowy, działania, za które klient jest gotów zapłacić.

- Kroki **nie dodające** wartości to czynności, które nie wnoszą żadnej wartości do produktu, co czyni je źródłami marnotrawstwa. Chociaż wszyscy menedżerowie dążą do pozbycia się tych kroków, niektórych z nich nie można wyeliminować (bez dużych inwestycji).

Celem VSM jest identyfikacja procesów, w których na tworzenie wartości poświęca się mało czasu w stosunku do całkowitego czasu przeznaczonego na pracę (lead time). Konieczne jest określenie usprawnień, które muszą zostać wdrożone do całego procesu, aby zwiększyć udział tworzenia wartości.

Stream

VSM podsumowuje wszystkie działania w łańcuchu dostaw produktu lub usługi, przeprowadzając go od stanu początkowego (A) do propozycji wartości (B). Składa się z serii procesów wyznaczonych w oparciu o oś czasu odpowiadającą czasowi realizacji (lead time), czyli czasowi pomiędzy zainicjowaniem a wykonaniem procesu (A-B).

W VSM można dokonać przeglądu trzech kategorii procesów:

- **procesy przewodnie** (zarządzanie, strategia, kontrola jakości, środowisko, bezpieczeństwo, finanse i więcej);

- **procesy operacyjne** (produkcja, projektowanie, rozwój, wysyłka i więcej);

- **procesy wsparcia** (zakupy, zasoby ludzkie itd.).

Mapowanie

Mapowanie to jasny, prosty sposób na wizualne przedstawienie funkcjonowania przedsiębiorstwa (w zakresie wytwarzania produktu lub rozwoju usługi). Celem tego narzędzia jest praca całościowa, a nie skupianie się na wizualizacji. Oznacza to, że analiza skupia się nie na poziomie maszyny w ramach linii produkcyjnej, ale na poziomie linii produkcyjnej jako kompleksowego procesu.

Mapa musi być zawsze uporządkowana za pomocą ikon i musi być zgodna z podanymi standardami, aby była zrozumiała dla wszystkich zainteresowanych. Jest ona zorganizowana w oparciu o trzy główne typy działań:

- przepływ informacji,
- przepływ materiału,
- figury.

 **Od czego NALEŻY zacząć?**

Metoda ta obejmuje następujące etapy:

śledzenie procesu produkcji wyrobu, począwszy od klienta (potrzeby), aż do dostawcy;

wizualna prezentacja każdej aktywności w przepływie materiałów i informacji;

odzwierciedlenie kluczowych punktów i nakreślenie przyszłego łańcucha wartości.

VSM I JEGO ZALETY

Istnieje kilka zalet stosowania VSM, jako narzędzia:

- oferuje prosty, przekrojowy przegląd całego procesu;

- zawiera wszystkie informacje niezbędne do wizualnego zrozumienia dwóch rodzajów przepływu (informacji i materiału);

- identyfikuje oznaki i przyczyny powstawania odpadów;

- koordynuje język używany do omawiania procesu dzięki standaryzowanym ikonom i regułom, co ułatwia pracę zespołową (analiza, identyfikacja obszarów do poprawy, przedstawianie pomysłów itd.)

W szerszym ujęciu mapowanie strumienia wartości wspiera wykazywanie tworzenia wartości i rozwiązywanie problemów. Umożliwia efektywny, spójny i przekrojowy dialog pomiędzy różnymi działami firmy i sprzyja rozwojowi kultury doskonalenia.

PRAKTYCZNE ZASTOSOWANIE

NAJLEPSZE PRAKTYKI – ETAPY

VSM jest częścią podejścia DMAIC (Define, Measure, Analyse, Improve, Control), ponieważ sporządzenie mapy nie jest celem samym w sobie: to tylko pierwszy etap klasycznego badania doskonalenia łańcucha wartości.

Krok 1: Definicja rodziny produktów

Przed przeprowadzeniem mapowania strumienia wartości należy wybrać rodzinę produktów, która ma zostać poddana analizie. Z tego względu, że od tego wyboru zależą szanse powodzenia Twojego podejścia, powinieneś poświęcić mu wiele uwagi.

Aby zatrzymać obszar pracy, należy mieć świadomość możliwych aktualnych problemów i ich wpływu. Możesz na przykład wykorzystać wykres Pareto (wykres, który przedstawia znaczenie różnych przyczyn danego zjawiska; celem jest tu nakreślenie strefy roboczej do przeprowadzenia VSM) lub zapytać kierowników różnych działów (takich jak szef produkcji lub dyrektor). Główne pytania, które powinieneś sobie zadać to:

- Jak duży obrót reprezentuje ta rodzina produktów?

- Jakie są straty spowodowane przez te produkty?

- Jakie są szanse powodzenia mapowania strumienia wartości? (Nie wybieraj obszaru, który jest zbyt skomplikowany lub zbyt prosty; nie podejmuj się analizy całej produkcji w firmie lub odwrotnie – analizy jednego, zbyt prostego działu).

- Jaka jest strategia produkcji?

 **N.B.**

Nie zdziw się, jeśli zostaniesz poproszony o zbadanie procesów rodziny produktów, która generuje niewielkie przychody. Może się to okazać sprytnym posunięciem, jeśli jest ona odpowiedzialna za duże straty.

Krok 2: Tworzenie VSM stanu bieżącego

Aby stworzyć nową, ulepszoną wersję mapy łańcucha wartości rodziny produktów, pierwszą rzeczą, którą będziesz musiał zrobić, jest dokładna analiza obecnej sytuacji i zmapowanie jej. Jak teraz działają poszczególne elementy? Kto co robi? Ile czasu to zajmuje? Jak poszczególne usługi komunikują się ze sobą? Jaki jest zakres odpowiedzialności i specyfika każdego stanowiska w łańcuchu? Poszczególne etapy sporządzania mapy zostały szczegółowo omówione poniżej. Celem jest tu inwentaryzacja przepływów materiałów i informacji, próba zrozumienia obecnego funkcjonowania warsztatu lub działu, obliczenie czasu realizacji oraz zrozumienie źródeł i przyczyn marnotrawstwa.

- **Faza zero: przygotowanie**

  - Zacznij od obserwacji funkcjonowania zakładu lub serwisu.

  - Zbierz dokładne, aktualne informacje w imieniu osoby, która chce VSM. Jeśli to konieczne, wykonaj pomiary na ziemi z pomocą zegara, pracując wokół obwodu surowców i informacji.

  - Rozpocznij swoją trasę od klienta i cofnij się przez proces produkcyjny. Zrób listę procesów, które są najbardziej związane z klientem końcowym, aby zidentyfikować to, co jest dla niego absolutnie przydatne.

  - Nakreśl szkic ręcznie na jednej stronie papieru A3 lub A4.

- **Faza pierwsza: klient**

  - W prawym górnym rogu napisz "klient".

- **Faza druga: proces produkcji**

  - Użyj ikony "procesu" (materiał poddawany operacji) i:

- pogrupuj pozycje należące do jednego procesu pod tą samą ikoną;

- umieść w poniższej ramce ważne informacje o procesie (takie jak czas cyklu, czas dodawania wartości, okres czasu, czas zmiany produkcji, liczba sztuk na godzinę, dostępny czas pracy itd.)

  - Użyj ikony "stock".

- **Faza trzecia: dostawca**

  - W lewym górnym rogu napisz "dostawca".

  - Wskaż częstotliwość i sposób dostawy (jako informacja obok dostawcy):

- duża strzałka wskazuje na dostawę pierwotną pomiędzy dwoma fabrykami;

- ciężarówka (lub łódź, samolot i tak dalej) wskazuje na sposób dostawy.

- **Faza czwarta: informacja**

  - Narysuj linię prostą dla fizycznych przepływów informacji (na przykład pocztą) lub linię zygzakowatą dla elektronicznych przepływów informacji.

  - Wskaż częstotliwość (wysyłania lub nadawania) w polu z boku.

  - Określ tryb (internet, papier itd.):

- tryb push, który opiera się na prognozie potrzeb dla procesu znajdującego się niżej w hierarchii, często powoduje powstawanie zapasów pośrednich między procesami;

- tryb pull, który reprezentuje zapotrzebowanie na produkcję z procesu downstream do procesu upstream, zmniejsza liczbę elementów w produkcji.

- **Faza piąta: oś czasu**

  - Narysuj linię pod polami procesu produkcyjnego i ikonami zapasów, aby obliczyć czas realizacji, czyli cały czas niezbędny na realizację każdego etapu (odpowiadający czasowi przetwarzania) oraz czas magazynowania.

- **Szósty etap: mapowanie łańcucha wartości zakończone**

  - Gdy mapa stanu obecnego jest już sporządzona, zacznij analizować i obserwować obszary marnotrawstwa oraz nakreślać możliwe usprawnienia, aby stworzyć VSM stanu przyszłego, do którego dążysz.

Krok 3: Analiza

Po zakończeniu tego etapu, kolejną rzeczą jest szczegółowa analiza i obserwacja przepływów materiałów i informacji w celu określenia, co działa sprawnie, a co wymaga udoskonalenia. Ten etap jest szczególnie kluczowy, ponieważ pozwala zidentyfikować marnotrawstwo i obszary wymagające poprawy. Upewnij się, że zaangażujesz właściwych ludzi: niezależnie od tego, czy są to szefowie służb, uczestnicy procesu czy kierownicy projektów, którzy będą nadzorować transformację, muszą być otwarci na ulepszenia i zmiany.

To ćwiczenie wymaga właściwego przygotowania i zaprezentowania, aby nie spłoszyć osób, których praca jest uwzględniona w VSM. Celem jest tutaj uświadomienie ich, że ich praca może być opłacalna i mogą stworzyć większą wartość dla klienta, niezależnie od tego, czy jest on wewnętrzny czy zewnętrzny. Co do zasady, samo uwzględnienie poniższych głównych czynników usprawniających będzie miało wpływ na wynik końcowy:

- produkcja "just-in-time";

- ogólne wdrożenie ciągłego przepływu wszędzie tam, gdzie jest to możliwe, w celu zmniejszenia lub nawet wyeliminowania zapasów, lub wprowadzenie supermarketów (zapasy pośrednie zarządzane przez partie Kanban);

- zgrupowanie wszystkich informacji dotyczących zamówienia klienta w jeden proces (zwany "procesem rozrusznika"), który kieruje pozostałymi procesami.

Krok 4: Tworzenie VSM stanu idealnego

Gdy jesteś bogatszy o swoje obserwacje i zaplanowane działania, krok ten pozwoli na sporządzenie mapy wyszczególniającej zidentyfikowane wcześniej możliwości poprawy. Ostatecznym celem VSM stanu idealnego jest redukcja czasu nie przynoszącego wartości, tak aby całkowity czas był jak najbardziej zbliżony do czasu przynoszącego wartość. Ogólnie rzecz biorąc, sporządzenie VSM stanu obecnego i stanu idealnego zajmuje około trzech do pięciu dni roboczych.

Krok 5: Określenie planu działania

Dla każdej zmiany zespół odpowiedzialny za projekt opracuje plan działania. Ważne będzie skwantyfikowanie związanych z tym korzyści i rozwiązań (koszty/ zasoby), aby przekonać kierownictwo wyższego szczebla do przewidywanych działań i zapewnić ich zatwierdzenie. Wdrożenie planu działania może trwać kilka miesięcy lub nawet kilka lat.

Krok 6: Realizacja

Po zatwierdzeniu budżetu, przeprowadzeniu zarządzania ryzykiem i zatrzymaniu organizacji, nadszedł czas na wprowadzenie planu w życie. Obejmuje to rozwój, akceptację, szkolenie pracowników i zarządzanie zmianą.

ZALECENIA

Są dwa główne obszary, na które należy zwrócić szczególną uwagę: organizacja zespołu i metodyka.

Jeśli VSM jest słabo rozumiany, będzie skutkował utratą czasu.

STUDIUM PRZYPADKU

Skupimy się na VSM stanu obecnego fikcyjnej firmy Forest LPC, która produkuje meble. Rodzina produktów, którą badamy w tym ćwiczeniu to taborety.

Faza pierwsza: klient

- Klient jest wskazany w prawym górnym rogu.

Druga faza: Proces produkcji.

- Etap ten obejmuje cztery procesy: malowanie, montaż, pakowanie i wysyłkę.

- Obok każdego procesu znajdują się stanowiska pracy i istotne informacje (czas cyklu, czas przezbrojenia lub zmiany maszyny w celu wytworzenia innego produktu, zmiany itd.)

- Wypełnia się również zapasy pośrednie na każdym etapie.

Faza trzecia: Dostawca

- Dostawca jest wskazany w lewym górnym rogu.

- Cotygodniowa dostawa realizowana jest przez ciężarówkę.

Czwarta faza: Informacje

- Tygodniowe prognozy zapotrzebowania są przesyłane przez klienta do firmy drogą elektroniczną.

- Zamówienia są przekazywane do dostawcy faksem.

- Na każdym stanowisku wewnętrznym w firmie jest podawany tygodniowy rozkład zajęć.

- Przepływy informacyjne i fizyczne (lub materiałowe) są wtedy wyraźnie reprezentowane.

Faza piąta: Oś czasu.

- Pod polami procesu produkcyjnego i ikonami zapasów dodana jest oś czasu.

- Czas realizacji procesu wynosi 19 dni, a czas przetwarzania 365 sekund.

Faza szósta: VSM kompletny

Mapowanie obecnej sytuacji zostało więc zakończone. Teraz czas na jej analizę, obserwację obszarów marnotrawstwa i określenie możliwych usprawnień. Możemy wymienić następujące źródła usprawnień, umieszczając je na diagramie, co pozwoli nam przygotować mapę sytuacji docelowej:

- oparcie planowania na tygodniowych zamówieniach klientów zamiast na prognozach;

- stworzenie systemu pull dla planowania produkcji;

- tworzenie supermarketu tuż przed rozpoczęciem malowania;

- wyeliminowanie odrzuceń z malarstwa;

- łączenie procesów pakowania i wysyłki.

WPŁYW

OGRANICZENIA I KRYTYKA

Oprócz wielu zalet, mapowanie strumienia wartości ma również pewne ograniczenia.

- **Możliwe błędy przy sporządzaniu mapy.**
  - Z powodu nieprawidłowego gromadzenia, przepisywania lub analizy danych mogą wkradać się błędy. Aby tego uniknąć, należy zwrócić się z prośbą o wsparcie do ekspertów, którzy potrafią obiektywnie spojrzeć na sytuację, oraz zespołów multidyscyplinarnych.
  - Zawsze zwracaj uwagę na to, co analizujesz, bo niektóre procesy nie wymagają rewizji.

- **Jest to tylko narzędzie.** Mapowanie strumienia wartości nie jest celem samym w sobie; ujawnia problemy w firmie, pomaga użytkownikom w refleksji, a przede wszystkim powinno prowadzić do podjęcia działania.

Nie ma sensu analizować, jeśli nie wdroży się planu działania! Upewnij się, że nie utkniesz w fazie analizy. Ponadto, jeśli różne grupy pracują nad projektami lean, należy zadbać o ich dobrą koordynację, aby uzyskać jak najlepsze efekty wszystkich projektów.

- **Zaniedbanie aspektów ludzkich i społecznych.** VSM jest narzędziem technicznym, które zajmuje się jedynie aspektami fizycznymi, interakcjami i prowadzeniem przepływów. Nie uwzględnia wymiarów społecznych, ludzkich i organizacyjnych, które są jednak niezwykle istotne w projekcie lean. Ta tendencja jest jeszcze bardziej widoczna w sektorze przemysłowym, gdzie menedżerowie są bardzo skupieni na technicznej stronie rzeczy, ale są mniej skłonni do myślenia o kwestiach ludzkich.

- **Ograniczone stosowanie znormalizowanych symboli.** Istniejące symbole mogą powstrzymywać poszukiwanie innowacyjnych rozwiązań. Innowacyjność jest jednak coraz bardziej niezbędna dla firm, które starają się prześcignąć konkurencję.

POWIĄZANE MODELE I ROZSZERZENIA

DMAIC

Model DMAIC (Define, Measure, Analyse, Improve, Control) to ustrukturyzowane podejście, które pozwala użytkownikom rozwiązywać problemy. Zapewnia on zespołowi ds. ciągłego doskonalenia pięciostopniową podstawę do pracy. W tej potężnej metodzie zarządzania projektami lean, etap definiowania jest najistotniejszy.

- Zdefiniowanie: określenie przedmiotu badań i opis celu pracy, którą ma wykonać zespół.

- Działanie: zgromadzenie informacji w celu uzupełnienia mapy procesów i zdefiniowania wskaźników wydajności w celu efektywnego monitorowania projektu.

- Analizować: identyfikacja przyczyn problemów i analiza ich źródeł.

- Doskonalenie: proponowanie rozwiązań, planowanie działań, wdrażanie wybranych środków.

- Kontrola: porównanie oczekiwanych efektów i wyników uzyskanych po wdrożeniu rozwiązań, komunikacja na temat projektu, przegląd w celu wyciągnięcia wniosków.

Lean manufacturing

Ta dobrze znana metoda eliminacji marnotrawstwa, która wymaga pewnej zbiorowej inteligencji dla uzyskania przekonujących rezultatów: zespoły pracujące nad projektem lean muszą być zmotywowane, skoordynowane i zdeterminowane, aby znaleźć rozwiązania. Pięć kluczowych elementów to:

- definicja wartości dodanej z punktu widzenia klienta;

- określenie łańcucha wartości w odniesieniu do poszczególnych etapów produkcji;

- zwracanie szczególnej uwagi na przepływy, upewniając się, że etapy dodawania wartości nie są wstrzymywane;

- przepływy pull, nadając priorytet zamówieniom klientów, a nie prognozom;

- doskonalenie poprzez wyznaczenie ambitnych celów i wprowadzenie dynamiki ciągłego doskonalenia.

Kaizen

Kaizen to po japońsku "ciągłe doskonalenie" i opiera się na drobnych usprawnieniach wprowadzanych codziennie, przy zaangażowaniu i wysiłku wszystkich osób uczestniczących w procesie.

Kaizen nie prowadzi od razu do spektakularnych rezultatów, ponieważ jest wprowadzany powoli, ale w dłuższej perspektywie często okazuje się znacznie bardziej skuteczny. Możemy stwierdzić, że jest on odwrotnością innowacji, która wymaga dużych inwestycji i wiąże się z nagłą zmianą.

SIPOC

To narzędzie modelowania polega na sporządzeniu ogólnej tabeli makro funkcjonowania danego procesu. Diagram SIPOC (Suppliers, Inputs, Process, Outputs, Customers) pozwala użytkownikom określić granice makro procesu, podsumować wejścia i wyjścia oraz zidentyfikować dostawców i klientów. Ale uwaga: reprezentuje on tylko przepływy materiałowe.

PODSUMOWANIE

- VSM jest kluczowym narzędziem lean manufacturing. Jego celem jest wykrycie źródeł marnotrawstwa w łańcuchu wartości dla danej rodziny produktów.

- Obecnie VSM jest stosowany we wszystkich domenach przemysłu, ponieważ odpowiada na powszechną i rosnącą potrzebę redukcji kosztów produkcji.

- Dobrym pomysłem jest rozpoczęcie szczupłej transformacji od mapowania strumienia wartości. Trzeba znać nie tylko poszczególne etapy, ale także najlepsze praktyki, aby zapewnić sobie jasny przegląd procedur składających się na firmę.

- Stan obecny i stan idealny VSM są częścią metody ciągłego doskonalenia. Metoda ta służy nie tylko do opisywania sytuacji bieżącej, ale także do wyobrażenia sobie i ustalenia bardziej wydajnej, lepiej reagującej, mniej kosztownej i lepiej skoordynowanej sytuacji w przyszłości. Diagram przepływów informacji i materiałów pozwala użytkownikom zająć się dwoma zagadnieniami jednocześnie: redukcją odpadów i poprawą warunków pracy.

- Kontekst organizacji wokół projektu ma istotne znaczenie dla gwarancji jego sukcesu. Wielodyscyplinarne zespoły, w tym osoby znajdujące się jak najbliżej ziemi, oraz zdecydowane zaangażowanie kierownictwa wyższego szczebla są kluczowymi czynnikami w tym podejściu do zmian.

- Wreszcie, ważna jest również świadomość ograniczeń tej metody. W szczególności VSM nie skupia się na analizie aspektów społecznych, psychologicznych i organizacyjnych.

- VSM jest jedną z najczęściej stosowanych metod dzięki łatwości użycia i skuteczności w inspirowaniu użytkowników do refleksji.

DALSZE CZYTANIE

BIBLIOGRAFIA

Davis, J. (2006) *Lean Manufacturing*. New York: Industrial Press.

Fouque, F. (2009) *À la découverte du Lean Six Sigma*. Mions: Édition Fouque.

Hohmann, C. (2009) *Techniques de productivité. Comment gagner des points de performance pour les managers et les encadrants*. Paris: Éditions Eyrolles.

Hohmann, C. (bez daty) Lean Enterprise. *Christian.Hohmann. fr.* [Online]. [Dostęp 26 lipca 2017]. Dostępny w: < http:// christian.hohmann.free.fr/index.php/lean-entreprise>.

Lean Enterprise Institute. (Bez daty) Czym jest Lean? *Lean. org.* [Online]. [Dostęp 26 lipca 2017]. Dostępny w: < https:// www.lean.org/whatslean/>

Ohno, T. (1988) *Toyota Production System: Beyond Large-Scale Production*. New York: Productivity Press.

Porter, M. E. (1985) *Competitive Advantage: Creating and Sustaining Superior Performance*. New York: Free Press.

Rother, M. i Shook, J. (1999) *Learning to See*. New York: Productivity Press.

Subramaniam, A. (2010) VSM – Current & Future: Jak zmaksymalizować ogólny przepływ? *SlideShare*. [Online]. [Dostęp 26 lipca 2017]. Dostępny w: < https://fr.slideshare.net/anandsubramaniam/vsm-current-future>

Womack, J. P. i Jones, J. T. (1996) *Lean Thinking*. New York: Free Press.

DODATKOWE ŹRÓDŁA

Strona Conceptdraw: http://conceptdraw.com/samples/quality-VSM

Strona internetowa Marris Consulting: http://www.marris-consulting.com/

Strona internetowa Strategos: http://www.strategosinc.com/

WIDEO

The Karen Martin Group. (2014) *Mapowanie strumienia wartości: Studia przypadków.* [Online]. [Dostęp 26 lipca 2017]. Dostępny w: < https://www.youtube.com/watch?v=ZPNq5k24vgY&feature=youtu.be>

Master ISBN : 9782808066433
Papierowy ISBN : 9782808069083
Depozyt prawny: D/2022/12603/143

Projekt cyfrowy: Primento – cyfrowy partner wydawców.